PETER BUTSCHKOW

ÜBERLEBEN
in
25 JAHREN EHE

ERST MAL HERZLICHEN GLÜCKWUNSCH ...

... zu diesem Buch. Wahrlich eine vorzügliche Wahl, eine bessere hättet ihr nicht treffen können. Wie schön, wenn ihr das von eurer Partnerin/eurem Partner auch sagen könnt. Die Ehe als traditionelle Verbindung zwischen Mann und Frau gibt es schon deutlich länger als Klebstoff. Ihr Ursprung ist die Liebe, mit dem Eisprung erweitert sie sich je nach Lust und Libido um ein oder mehrere Mitglieder und nennt sich dann „Familie". Generell gilt die eheliche Zweisamkeit von Mann und Frau als Urzelle unserer Gesellschaft, mit ihren Schwankungen und Turbulenzen sogar als ihr lupenreines Spiegelbild. Paare, die sich tapfer durch alle Krisen und Störfelder gekämpft haben, erreichen eines Tages und oft in erstaunlich guter Verfassung ihr 25. Ehejahr und feiern diese beachtliche Leistung als „Silberhochzeit".
Diesem würdigen Anlass widmet sich dieses hintergründige Buch mit Humor, einem Lebenselixier, das sich in mancher Ehe im Laufe der Zeit oftmals erschöpft hat. Kein Problem, hier gibt es Nachschub. Viel Spaß! Wir sehen uns auf der Goldenen Hochzeit!

Peter Butschkow

INHALT

DIE EHE – WICHTIGE BEGRIFFE UND
IHRE BEDEUTUNG 6

UND SO GESCHAH ES 12

ÜBER DIE EHE 15

WESENTLICHES AUS DER SICHT DER FRAU 17

WESENTLICHES AUS DER SICHT DES MANNES . . . 21

PÄNG! PÄNG! 25

LANGSTRECKEN-TEST 26
    FÜR DIE FRAU 26
    FÜR DEN MANN 29

TIPPS FÜR EINE HARMONISCHE EHE AUS
DEM LETZTEN JAHRTAUSEND 33

FUCK YOU SCHILLER! – JETZT NEU IM KINO 36

EHEBERATUNG 40

GEFÄHRLICH FÜR DIE EHE 49

TOLLE WURST 51

EHEBEWERTUNGSPORTAL 52

DIE **TOP TEN** DER EHEWITZE 55

WORAN MAN EINE EHEKRISE ERKENNT 59

DAS TRAUMPAAR 60

DIE EHE –
WICHTIGE BEGRIFFE UND IHRE BEDEUTUNG

ANLASS ZUR EHESCHLIESSUNG: Kann emotionaler, aber auch monetärer Natur sein. Als Zweckbündnis diente die Ehe in alten Zeiten vorrangig zur Festigung von Dynastien und Machterweiterungen, später zur Steuerersparnis.

- -

EHESCHLIESSUNG: Umgangssprachlich „Hochzeit" oder „Heirat". Offizielles Zusammenfinden zweier Menschen, die nicht allein leben können. Die Prozedur findet in der Regel in Anwesenheit staatlicher oder religiöser Vertreter, Blutsverwandter oder trinkfreudiger Freunde statt.

- -

EHETRAUUNG: Romantische Zeremonie in Kirchen oder Kapellen mit professioneller, verbaler Salbung (Predigt). Hohe Kosten für Ausstattung (Hochzeitskleid, Frack, Blumen) und Verköstigung der Teilnehmer in würdigen Veranstaltungsräumen. Manch eine Festgesellschaft verwechselt Autobahnkreuze und Straßen mit diesen Veranstaltungsräumen. Oder sie haben einfach nur einen sehr schlechten Orientierungssinn. Die Ausgaben für diese Feierlichkeiten sind steuerlich nicht absetzbar.

- -

EHEFRAU: Weibliche Teilnehmerin einer Ehe.

- -

EHEMANN: Männlicher Teilnehmer einer Ehe.

- -

EHELEUTE: Männlicher und/oder weibliche Teilnehmende insgesamt, die Gesamtzahl ist auf zwei begrenzt.

- -

EHEVERTRAG: Anwaltlich bezeugte, juristische Abmachung mit dem Ziel, emotionale Schwüre von jeder Verbindlichkeit zu entbinden. Willkommenes Regelwerk in Streitfällen (siehe Ehescheidung).

- -

EHERING: Goldenes oder silbernes Schmuckstück, mitunter auch mit intimer Gravur, das am Ringfinger getragen wird. Gilt als Signal für Außenstehende, dass die Trägerin/der Träger in festen Händen ist. Eine Tragepflicht besteht nicht. Der Ring kann zum Händewaschen oder je nach persönlicher Interessenlage kurz- oder längerfristig abgelegt werden.

- -

EHEPFLICHTEN: Gesetzliche oder moralische Auflagen für das gemeinsame Zusammenleben von Eheleuten. Dazu gehört ein Minimum an Anwesenheit und die Bereitschaft, an der Familienplanung teilzuhaben sowie das Aufsuchen fremder Betten einzustellen. Diese Pflicht wie auch die Bereitschaft, sich über Strittiges zu verständigen und für gegenseitigen Unterhalt zu sorgen, können im Laufe einer Ehe lästig werden und sind vielfach die Quelle von → Ehekrisen.

EHEJAHRE: Dauer der Ehe. Diese kann eine Stunde, einen Tag oder bis zum Tod eines Ehepartners andauern. Damit sie nicht vergessen, was sie getan haben, feiern Ehepartner ihre Laufzeit in folgenden Stufen: Hölzerne Hochzeit (5 Jahre), Rosenhochzeit (10 Jahre), Petersilienhochzeit (12,5 Jahre), Silberne Hochzeit (25 Jahre), Goldene Hochzeit (50 Jahre), Diamantene Hochzeit (60 Jahre), Knöcherne Hochzeit (100 Jahre).

EHEGLÜCK: Gefühlslage, die enorm von der Film-, Pharma-, Mode- und Kosmetikindustrie befeuert wird. Zugleich auch Erwartungshaltung frisch vermählter Eheleute. Birgt einen hohen Enttäuschungsfaktor.

EHEKRISE: Normale Ermüdungserscheinung zweier zusammenlebender Menschen. Lukrative Einnahmequelle für Psychologen, Therapeuten und Teefabrikanten: „Bleib-bei-dir-Darjeeling" oder „Alles-wird-gut-Assam".

EHEKRACH: Lautstarker Konflikt mit oder ohne Tätlichkeiten. Liebling aller Porzellanfabrikanten. Kann eine befreiende Wirkung haben oder aber auch eine erfrischende Trennung mit sich bringen.

EHEBRUCH: Außereheliche, in der Regel geheime Zuwendung eines Ehepartners zu einer Fremdperson, häufig aus dem Berufsleben, der Nachbarschaft oder dem Internet. Eine moralisch umstrittene Handlung mit hoher Dunkelziffer.

- -

EHEBRECHER: Pflichtvergessener Ehepartner/in auf moralischen Abwegen (→Ehebruch).

- -

EHEVERSPRECHEN: Wagemutiges Bindungsversprechen zur Erlangung eines vorübergehenden Vorteils.

- -

EHEGATTENSPLITTING: Steuerliches Belohnungssystem zur Veranlagung von Ehepartnern.

- -

EHESCHEIDUNG: Finale einer gescheiterten, ehelichen Verbindung, meist infolge zahlreicher →Ehekrisen. Findet, im völligen Gegensatz zur euphorischen Eheschließung, in frostiger Atmosphäre im kleinen Kreis vor Rechtsvertretern oder Deeskalationsspezialisten statt.

- -

EHEMALIGE/R: Ehepartner nach der Scheidung.

- -

UND SO GESCHAH ES

GOTT, DER HERR, hatte an diesem legendären Tag verkündet, er hätte da eine geile Idee. Ein Raunen und Murmeln hub an: „Na, da sind wir ja mal gespannt", und „Was hat er denn nun schon wieder?"

Gott erklärte, er habe ein Produkt entwickelt, das sich selbstständig bewegen könne und über eine eigene Energieversorgung und ein integriertes Steuermodul verfüge; er plane, es in zwei Grundversionen auf den Markt zu bringen, nämlich Modell „Frau" und Modell „Mann". Auf die Frage, wie er denn auf diese ulkigen Namen gekommen sei, meinte Gott ganz lapidar, die seien ihm eingefallen, als er nachts mal raus musste.

Dann sprach er von seiner grandiosen Idee, die beiden miteinander über eine sogenannte „künstliche Intelligenz" kommunizieren zu lassen. In der großen Halle der Schöpfung machte sich lautstarke Erregung breit: „Reicht die Speicherkapazität dafür?", fragte einer, ein anderer meinte, die müssten dann auf jeden Fall kompatibel sein. Da sei er aber sehr gespannt, wie Gott das hinkriegen wolle! Bis jetzt hätte bei ihm ja wohl alles geklappt, antwortete Gott erbost und verwies auf seine erfolgreichen Natur- und Tiermodelle, wofür er brausenden Applaus erntete.

Und dann kam er mit dem größten Knaller: „Unsere Modelle ‚Frau' und ‚Mann' besitzen zusätzlich die Fähigkeit, sich miteinander zu vermehren. Wir brauchen uns also um nichts mehr zu kümmern! Die Modelle produzieren sich quasi gegenseitig!", rief er begeistert.

Im Saal war der Teufel los.

„Und wie soll das funktionieren?", brüllte jemand.

„Die ersten Versuche sind so hoffnungsvoll verlaufen, sodass wir schon morgen in die Produktion gehen können", antwortete Gott strahlend.

„Kann man das mal sehen?", kam die Frage. „Erst ab achtzehn", antwortete Gott mit erhobenem Zeigefinger.

Den Rest kennen wir ja.

ÜBER DIE EHE

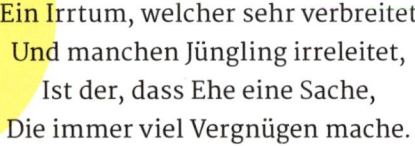

Ein Irrtum, welcher sehr verbreitet
Und manchen Jüngling irreleitet,
Ist der, dass Ehe eine Sache,
Die immer viel Vergnügen mache.

Wilhelm Busch

Ehe: gegenseitige Freiheitsberaubung
im beiderseitigen Einvernehmen.

Oscar Wilde

Eine glückliche Ehe:
eine Ehe, in der die Frau ein bisschen blind
und der Mann ein bisschen taub ist.

Gordon Dean

Sehen Sie sich um:
Die meisten Ehemänner sind der beste
Beweis, dass Frauen Humor haben.

Donna Leon

Den, der gerade bei mir ist,
habe ich am allerliebsten.

Hermann Hesse

....

Es gibt drei treue
Freunde: eine alte Ehefrau,
ein alter Hund
und flüssiges Geld.

Benjamin Franklin

- -

Richtig verheiratet ist
der Mann erst dann, wenn
er jedes Wort versteht, das
seine Frau N I C H T gesagt hat.

Alfred Hitchcock

- -

In der Ehe pflegt gewöhnlich
einer der Dumme zu sein.
Nur wenn zwei Dumme heiraten –
das kann mitunter gutgehen.

Kurt Tucholsky

- -

Die Ehe ist der beste Beweis dafür,
dass aus jedem Eroberer im Laufe
der Zeit ein Besiegter wird.

Phil Silvers

- -

Für den Bau von Luftschlössern gibt es
keine architektonischen Regeln.

Gilbert K. Chesterton

- -

WESENTLICHES
AUS DER SICHT DER FRAU

Bewegung

„Du kannst mal den Müll runterbringen." Frauen können es schwer ertragen, wenn ihr Mann untätig herumsitzt – vielleicht hat sie Angst, er könnte eine Thrombose erleiden oder versteinern – also versorgt sie ihn mit nützlichen Aufgaben, damit er in Form bleibt. Der Blick für die kleinen und großen Erledigungen ist ihr von Natur aus gegeben. Die quietschende Tür, das undichte Fenster, der verstopfte Ausguss, zur Not auch mal ein frischer Wandanstrich oder neuer Dachstuhl. Es gibt immer was zu tun, ihr fällt immer was ein. Erfahrene Frauen schreiben täglich eine To-do-Liste und legen sie ihrem Mann abends aufs Kopfkissen.

Mama

„Alle Weiber sind Schlampen – außer Mama." Ein Spruch, der es auf den Punkt bringt. Mama hat ihr Zipfelkind der Schwiegertochter nämlich nur geliehen. Die magische Bindung zwischen Mutter und Sohn ist eine der häufigsten Ursache für Streit in einer Ehe. Die kluge Ehefrau wartet, bis die Schwiegermutter tot ist, die dumme kämpft gegen sie. Bis sie eines Tages bei ihrer zukünftigen Schwiegertochter mit ihrem geliebten Muttersöhnchen die gleiche Rolle übernehmen wird.

Pappe

Die Frau liebt Kuriersendungen aus der Modeindustrie, hat aber eine tief verwurzelte Abscheu dagegen, das anfallende Versandmaterial zu entsorgen. Dafür müsste sie die Kartons nämlich zerreißen. Dieser muskuläre Bewegungsablauf liegt offenbar nicht in ihrer DNA. Es gibt Vermutungen, dass das auch etwas mit ihren gepflegten Fingernägeln zu tun haben könnte. Also stellt sie Pappkartons jeder Größe 1:1 in die Abfalltonne. Nachfolgenden Entsorgern steht es frei, diese ökonomischer zu zerlegen.

Luft

Luft ist für die Frau eine unsichtbare Grundversorgung, stets ist sie um möglichst frische Luft auch in geschlossenen Räumen bemüht und rupft bei jeder Gelegenheit erbarmungslos die Fenster auf.Geht die Luft jedoch ihrem Fahrradreifen verloren, ignoriert sie das trefflich. Auch die patente Frau pumpt lieber im Bodystudio als ihren Reifen auf. Wenn keine Luft mehr im Schlauch ist, radelt sie eben auf den Felgen weiter. Mit Autoreifen verfährt sie nicht anders. Irgendwann wird ein Mann vorbeikommen, dem der Anblick von gequältem Gummi das Herz zerreißt, im Notfall ihr eigener. Diesem ist ihr anerkennendes „Das kannst du!" Lohn genug.

Unzufriedenheit

Eine angeborene Neigung zu ausgeprägter Sensibilität und Emotionalität macht die Frau anfällig für Unzufriedenheit. Oft geht damit ihr Wunsch nach Veränderung einher. Dieser Prozess beginnt meist schon kurz nach der Eheschließung. Manche Frauen stellten bereits am Morgen nach der Hochzeitsnacht fest, dass es an ihrem Kerl noch einiges zu verbessern gibt. Bei den Themen Ordnung, Sauberkeit und Möblierung übernimmt sie zäh und zielorientiert die Führung und gibt sie bis zum Ende der Ehe nicht mehr ab. Erst im Sarg kann der Mann es sich wieder nach Herzenslust gemütlich machen.

Rolle

Die modernen Technologien haben der Frau mehr und mehr Arbeit abgenommen, die sie nutzte, um nachzudenken. Dabei fiel ihr auf, dass sie ungerecht behandelt wird. Viele Frauen wollen jetzt auch Kanzlerin werden oder Containerschiffe und Konzerne lenken und fordern dafür die gleiche Bezahlung wie der Mann. Die klassischen Rollenbilder verschwimmen, jetzt müsste es nur noch möglich sein, dass Männer Kinder kriegen. Dem konservativen Mann, der um seine schwindenden Pfründe weint, gestatten sie beim Sex, auch ab und an oben zu liegen.

... wenn man sich seinen Mann über Sparship geangelt hat

WESENTLICHES
AUS DER SICHT DES MANNES

Traumfrau

Die äußere Hülle eines Menschen nennt man Figur. Für den Gläubigen stammt sie vom lieben Gott, für den Ungläubigen ist sie eine genetische Veranlagung. Beide bewundern aber den ungeheuren Einfallsreichtum und die Vielfalt der Modelle. Während die Frau nicht nur das Äußere, sondern nach eigener Aussage angeblich sogar noch mehr das Innere des Mannes schätzt, hat der Mann eher ein zwanghaftes Idealbild, das sich aus Länge, Breite und Höhe der Frau und deren optimale Verteilung zusammensetzt. Hier spielen ihm sein Fortpflanzungstrieb und die medialen Idealbilder in die Hand. Die Kosmetik- und Modeindustrie sowie die Schönheitschirurgie bieten Frauen meist kostspielige Hilfe an, möglichst nah an das Traummodell zu gelangen.

Ernährung

Im Mann steckt der Jäger und der trug früher stolz das frisch erschlagene Wild nach Hause.

Die Gier nach Fleisch führt der Mann auf seine Vergangenheit als Jäger zurück. Einst kehrte er stolz mit geschlagener Beute ans heimische Feuer zurück. Nun reicht ein Griff in die Kühltheke des nächsten Supermarktes. Dennoch steckt die Lust auf Fleisch, gerne gut gewürzt und gegrillt, weiterhin tief in seinen Genen. Es obliegt der Frau, ihn mit viel Geduld und zahlreichen Tricks von dieser einseitigen Ernährung abzubringen und ihm die Power von Obst und Gemüse zu vermitteln. Clevere Frauen schenken ihren Männern eine vegetarische Fototapete oder einen Garten.

Bauch

Der erwähnte Anspruch des Mannes auf die ästhetische und vollkommene Form der Frau steht oft diametral zum Anspruch an seine eigene Erscheinung. Genetische Anlagen und Genusssucht bilden oftmals schon beim jungen Mann die Bauchzone aus. Einige versuchen dem durch Freizeitsport und Fitnesstraining entgegenzuwirken, doch auch aus ihrem Sixpack wird eines Tages Bauchspeck. Sei es Frust, sei es Verdrängung, der Mann trägt seine Wampe mit der schamlosen Selbstgefälligkeit eines Walrosses, von der jede aus der Form geratene Frau nur träumen kann. Diese Tatsache gehört zu den vielen Ungerechtigkeiten zwischen den Geschlechtern.

Bier

Der Traum des Mannes ist eine kleine Insel mit einer großen Brauerei.

Bier ist die Muttermilch seines Lebens, ohne ist sein Leben nur halb so schön. Bayerische Männer trinken ihr erstes Bier als Grundnahrungsmittel schon zum Frühstück, andere setzen sich wiederum eine nach hinten offene Zeitzone, in der Regel ab 18 Uhr. Schlecht gelaunte Männer werden von Glas zu Glas fröhlicher, schüchterne aufdringlicher. Die harntreibende Wirkung des Bieres ist von der Natur gewollt, so kann der Mann überall weiträumig sein Revier markieren.

Rituale

Der Mann verlässt mit der Eheschließung die Geborgenheit seines Freundeskreises und dessen rustikaler Brauchtumspflege. Dort galten Verdauungsgeräusche aus dem Oral- und Analbereich als Signal der Rangordnung und ihr Duft als chiffrierte Verständigung. Diese rüde Art der Kommunikation stößt bei Frauen auf Abscheu und Ablehnung. Im Eheleben ist für Rituale dieser Art kein Platz, hier sind kultivierte Selbstbeherrschung und gepflegte Lebensart gefragt.

Fußball

Über Qualhaltung von Tieren und Entwürdigungen in der Arbeitswelt reden alle, aber keiner redet über die sadistische Freude des Mannes, einen unschuldigen Ball mit Füßen zu treten und diesem brutalen Missbrauch gar den braven Namen „Fußballspiel" zu geben. Für diesen Wahnsinn schließt der Mann sich sogenannten „Fußballvereinen" an und gibt ein Vermögen für Fankleidung (Trikots, Schals und Trompeten) und Eintrittskarten aus. Eine Frau hat in diesem Fall nur zwei Möglichkeiten: Sie kann die Begeisterung ihres Mannes teilen. Alternativ steht sie sonst am Wochenende nicht auf dem Platz oder im Stadion, sondern auf verlorenem Posten.

PÄNG! PÄNG!

DER CHINESE PENG-PENG gilt als der Erfinder von Gewalt- und Actionfilmen und ist stiller Gesellschafter in Hollywood, dort, wo täglich Kolonnen von Tankfahrzeugen frisches Kunstblut liefern. Männer lieben solche Filme über alles, umso mehr Autos sich überschlagen und Körper zerfetzen, desto glücklicher sind sie. Frauen wiederum verachten solche Filme, sie erschrecken, schwitzen und ängstigen sich und ihnen dreht sich angesichts der enthemmten Gewalt der Magen um.

Diese unterschiedliche Erwartung an die Filmkunst ist in der Beziehung von Mann und Frau oft Anlass zu Spannungen. Es beginnt mit dieser harmlosen Frage: „Welchen Film sehen wir uns an?"

Ich liebe besonders Westernfilme, im Vergleich zu Jason Statham, Sylvester Stallone und Bruce Willis & Co. sind die Protagonisten dort ziemlich zahme Kaliber, aber egal, wo man ständig ballert und stirbt, das ist für Frauen ein und derselbe Scheißdreck. Auch wenn der Hauptdarsteller in flüchtigen Momenten dem Zuschauer mal einen Blick in sein verkapseltes Herz und seine versaute Kindheit gestattet, das kann eine Frau nicht ansatzweise mit dem Film versöhnen. Aber gestern ging meine aus einer gütigen Laune mit mir in einen Western. Da saß sie dann mit runtergezogenem Mundwinkel, rutschte immer tiefer in ihren Kinosessel und flüsterte unablässig: „Blöd, blöd, blöd ..." Morgen kaufe ich mir einen Cowboyhut.

....

Auf den Spuren praktischer Männer

LANGSTRECKEN-TEST

Was würdest du tun, um die **nächsten 25 Jahre** Ehe zu bewältigen? Teste dich und lass dich von deinen Antworten überraschen!

FÜR DIE FRAU

1 ER MÖCHTE MIT SEINEM MOUNTAINBIKE EIN JAHR
ALLEIN DURCH DEN KAUKASUS FAHREN.

a   Du freust dich auf 365 unbeschwerte Tage.   ◯
b   Du bist nur einverstanden, wenn er seine Mutter mitnimmt. ◯
c   Du schreibst deinem Liebhaber die gute Nachricht.   ◯

2 ER WILL SICH EINEN KAMPFHUND ANSCHAFFEN.

a   Du kaufst dir einen Killerkater.   ◯
b   Du schenkst ihm den Beitritt in einem Zwinger-Club.   ◯
c   Du lernst bellen.   ◯

3 ER MÖCHTE ZUKÜNFTIG IM BIERZELT SCHLAFEN.

a   Du ziehst zu seiner Freundin.   ◯
b   Du kaufst ihm einen Schlafkrug.   ◯
c   Du schläfst im Kornfeld.   ◯

4 ER MÖCHTE GERNE EINEN HAREM HABEN.

a   Du rechnest ihm die Kosten vor.   ◯
b   Du verweist auf euren Ehevertrag.   ◯
c   Du trittst einem Männergesangverein bei.   ◯

5 ER BELEGT EINEN KOCHKURS.

a Du warnst deine Küche. ○

b Du verständigst die Medien. ○

c Du stellst dich auf Hausmannskost ein. ○

6 ER SCHLÄFT NUR NOCH MIT MUND- UND NASENSCHUTZ.

a Du küsst ihm alternativ die Füße. ○

b Du lässt dich gegen Gatteninfekt impfen. ○

c Du schläfst nur noch mit Keuschheitsgürtel. ○

7 ER HAT IMMER NOCH KONTAKT ZU SEINER ERSTEN LIEBE.

a Du fragst, ob sie ihn zurücknehmen würde. ○

b Du zeigst sie an. ○

c Du erteilst ihm Erinnerungsverbot. ○

8 ER WILL ALLEN LASTERN ENTSAGEN.

a Du schickst ihn zum Arzt. ○

b Du spritzt ihm Aperol. ○

c Du buchst ihm eine Auszeit im Kloster. ○

9 ER ARBEITET NUR NOCH IM HOMEOFFICE.

a Du triffst dich heimlich mit seinem Chef. ○

b Du gehst verstärkt ins Outletcenter. ○

c Du ziehst ihm um 18 Uhr den Stuhl weg. ○

10 ER NIMMT SEINEN AKKUSCHRAUBER MIT INS BETT.

a Du deine Wimpernzange.

b Du legst ihm ein paar Bretter unters Kopfkissen.

c Du lässt ihn in einen Baumarkt einweisen.

FÜR DEN MANN

1 SIE MÖCHTE MEHR REDEN.

   a Du setzt dir Kopfhörer auf. ○

   b Du bildest einen Redekreis. ○

   c Du schenkst ihr ein neues Handy. ○

2 SIE MÖCHTE MIT DIR ALT WERDEN.

   a Du sagst ihr, sie hat das Ziel schon erreicht. ○

   b Du suchst dir eine Jüngere. ○

   c Du abonnierst ihr die Apotheken-Umschau. ○

3 SIE POSTET STÄNDIG SELFIES AUF INSTAGRAM.

   a Du likest sie. ○

   b Du übst Photobombing. ○

   c Du verlässt das Internet. ○

4 SIE MÖCHTE LIEBER ALLEINE SCHLAFEN.

   a Du zersägst das Bett. ○

   b Du baust ein Hochbett. ○

   c Du vermietest ihren Schlafplatz. ○

5 SIE HAT EINEN GELIEBTEN.

   a Du auch. ○

   b Du fühlst dich entlastet. ○

   c Du hast mehrere Männer in Verdacht. ○

....

a Du magst sie nackt sowieso am liebsten. ◯

b Du ziehst mit. ◯

c Du organisierst den Umzug. ◯

a Du ziehst in die Garage. ◯

b Du verdächtigst einen Innenarchitekten. ◯

c Du stellst die Möbel wieder zurück. ◯

a Du schenkst ihr eine Katze. ◯

b Du pochst auf die Hygieneregeln. ◯

c Du verlangst mehr Sex. ◯

a Du kannst dich nicht um alles kümmern. ◯

b Du betest die Sonne an. ◯

c Du schenkst ihr eine Fototapete. ◯

a Du in den Baumarkt. ◯

b Du zeigst ihr eure Teelichtsammlung. ◯

c Du fährst für ein Jahr allein mit dem Fahrrad durch den Kaukasus. ◯

Und das war mal ein gertenschlanker, schöner, gepflegter Mann.
Woran hast du gerade gedacht?
An dich, Schatz.
BUTSCHKOW

TIPPS FÜR EINE HARMONISCHE EHE AUS DEM LETZTEN JAHRTAUSEND

Auszüge aus dem Buch „Die Frau von heute", erschienen im C. Bertelsmann Verlag, 1965

Die junge Frau erwartet häufig, dass ihr Mann den Widerwärtigkeiten des Alltags souverän gewachsen sei – vom Ausfüllen der Steuererklärung bis zur Reparatur eines tropfenden Wasserhahnes. Er ist jetzt für sie die Instanz, die Rat, Trost und Hilfe geben soll. Natürlich erwartet sie, dass er Erfolg im Beruf hat – und dieses wünscht sie sich nicht ganz selbstlos. Dieser Katalog der Wünsche einer Durchschnittsfrau mutet bescheiden an gegenüber den Erwartungen, mit denen der ganz normale Durchschnittsmann in die Ehe geht. Sie bedingen für die junge Frau einen ständigen Rollenwechsel, der für sie zunächst etwas verwirrend ist: Am Tage ist sie die Kameradin; sachlich, klar und kühl hat sie das gemeinsame Ziel im Auge zu behalten. Abends wird sie zur geheimnisvollen Geliebten, ganz zu schweigen davon, dass sie ja auch noch beratende Helferin und oft genug Berufspartnerin ihres Mannes ist. Sie soll erfolgreich, aber sehr weiblich – sein, dazu elegant, aber nicht kostspielig, sicher in Gesellschaft, aber nicht allzu sicher ihm gegenüber; außerdem natürlich schön, zeitlos jung und gepflegt, eine kluge, aber zurückhaltende Gesprächspartnerin, hingebungsvolle Mutter, eine sparsam wirtschaftende, aber dennoch hervorragend kochende Hausfrau, die immer Zeit für ihren Mann hat, immer strahlender Laune und niemals krank oder müde ist ... Bei allen Überlegungen, die dem Entschluss der Ehe vorausgehen, denkt man meist nicht daran, sich das Zusammenleben in dreißig oder vierzig Jahren vorzustellen. Es ist fast grausam, daran zu erinnern, dass weder ihre entzückende Figur – die ihn bezaubert – noch sein schönes volles Haar – in das sie vernarrt ist – dem Zahn der Zeit trotzen werden.

Verliebter, junger Mann, stelle dir deine Angebetete einmal so vor: rundlich und grauhaarig geworden, nicht mehr sehr elegant gekleidet, etwas rechthaberisch und immer noch mit der grässlichen Angewohnheit, nach jedem zweiten Satz „nicht?" zu sagen. Würdest du sie noch lieben? Verliebtes junges Mädchen, stelle „Ihn" dir einmal so vor: leicht gebückt, mit nur noch spärlichem Haarwuchs, etwas schwerhörig und mit der Angewohnheit, den ganzen Abend lang an der kalt gewordenen Zigarette zu kauen. Würdest du ihn auch so lieben?"

FUCK YOU SCHILLER!

– JETZT NEU IM KINO –

SCHILLER (BUSHIDO) kommt eines schönen Feierabends nach Hause und hat verdammten Hunger.

Susan (Naddel), seine Frau, hängt in verbeulten Jogginghosen und vollgekleckertem T-Shirt mit einem Hard-Drink auf dem Sofa und glotzt eine Wrestler-Serie.

Schiller fragt nach, ob es denn irgendwo in diesem verfickten Haus etwas zu beißen gäbe. Susan antwortet, wenn er was zu beißen suche, solle er den Hund (Jack Russel) fragen.

Schiller will von Susan wissen, warum zur Hölle sie so eine beschissene Laune habe.

Als Susan daraufhin nur säuerlich aufstößt, bleibt Schiller cool und erinnert sie daran, dass sie als Ehefrau sich verdammte Scheiße nochmal auch mal um ihn kümmern könne.

Susan antwortet schmallippig, darauf pfeife sie.

Schiller ahnt, dass wirklich fetter Beef am Laufen ist und sagt ihr auf den Kopf zu, dass sie eine verschissen verfickte Laune ausstrahle.

Susan faucht, ob er denn wisse, was heute für ein verkackter Tag sei.

Schiller meint, wie er zur Hölle das wissen solle. Er wisse nur, dass ihn heute sein Boss blöd angepisst habe und er verdammten Hunger habe, mehr wisse er nicht.

Daraufhin springt Susan wutentbrannt auf und brüllt, dass heute ihr beschissener Hochzeitstag sei, den er nun zum fünfundzwanzigsten Mal vergessen habe und reißt dabei eine Porzellanbüste von Donald Trump vom Tisch.

Schiller ist außer sich vor Wut, weil er diese verdammte Büste wie blöd geliebt hat und sie nun zertrümmert auf dem Boden liegt.

Susan zischt, diese beschissene Büste ginge ihr genauso am Arsch vorbei, wie ihm ihr Hochzeitstag.

Daraufhin zieht Schiller seine 8-Millimeter-Walter aus der Hosentasche und droht, Susan zu erschießen, wenn sie nicht auf der Stelle seine verdammt geliebte Büste wieder zusammenkleben würde.

Susan meint, da hätte sie noch was Besseres und zieht ihre Magnum aus der Sofaritze.

Die Lage ist für einen Moment verdammt angespannt.

Dann hat Schiller eine Eingebung und meint, wenn ihr denn dieser verfickte Hochzeitstag so verdammt wichtig sei, dann lade er sie halt zum verkackten Italiener ein.

Susan nimmt das Angebot tränenüberströmt an und geht sich rasch umziehen.

Zwei Stunden später verlassen beide Arm in Arm das Haus.

Fuck you Schiller, USA/Germany 2021, Bushido, Naddel, Jack Russel, Regie John Crazy

EHEBERATUNG

von Frau Dr. Mandy Schronzky-Patschuli, promovierte Psychologin mit Schwerpunkt Partnerschaft und Ehe

- -

„Mein Mann verbringt seine komplette Freizeit mit seiner Spielzeugeisenbahn. Nachts nimmt er seine Schaffnermütze und seine Trillerpfeife mit ins Bett. Auf meine Vorwürfe, dass er mich vernachlässige, hat er mir vorgeschlagen, dass ich ja auch einem Hobby nachgehen könne. Seitdem bemale ich Salzstreuer mit religiösen Motiven. Eigentlich hatte ich mir meine Ehe anders vorgestellt."

Lotta H., Altötting

Liebste Lotta,

nach einer Umfrage unter Silberhochzeitlern hatten sich 99% der Ehepaare ihre Ehe anders vorgestellt. Also, alles ist gut, Lotta. Lass das mit den Salzstreuern, versuche ihm zuzuarbeiten, bemale lieber Bahnhöfe, Häuser, Bäumchen, Höfe, Kühe, Schweine oder Verkehrszeichen und schreibe Fahrpläne. Schon wirst du in seiner Bahn-Welt die zweite Schiene sein und ihm für immer nahe stehen. Gute Fahrt, liebe Lotta!

„Mein Mann war schon mal verheiratet und hat sich damals „I love Bibi" auf die Brust tätowieren lassen. Immer wenn er sich beim Sex über mich beugt, lese ich das. Auf meinen Wunsch, sich das Tatoo entfernen zu lassen, reagiert er unwillig. Auch mein Kompromissvorschlag, er solle den Text beim Tätowierer mit „...no more" ergänzen, lehnt er mit der Begründung ab, ich könne ja beim Sex die Augen schließen. Was tun?"

Katharina S., Jüterbog

Liebe Katharina, Augen zu und durch.

- -

„Mein Mann und ich führten eine moderne Ehe, er hat die Kinder geboren und den Haushalt geregelt — ich habe Karriere gemacht. Nun, wo die Kinder aus dem Haus sind, ist er einer Männergruppe beigetreten und spricht plötzlich davon, einen Beruf erlernen und sogar den Führerschein machen zu wollen. So weit kommt 's noch. Wie soll ich mich verhalten?"

Frida V., Lindau

Liebe Frida,

Du hast so viel erreicht, gib nichts davon auf! Versuche es mit Boutiquen-bummel oder Eintrittskarten für Kochshows, auch eine neue Nähmaschine hat in solchen Fällen schon Wunder bewirkt, wenn alles nicht hilft, nimm ihm zur Strafe seine Payback-Karte vom Fußnagelstudio weg. Manchmal braucht es harte Maßnahmen, er wird dir später dafür dankbar sein.

„Ich erinnere mich noch genau an den Tag, als ich meinen Mann kennengelernt habe. Er gar nicht. Er kann sich nicht an unsere erste Begegnung erinnern, aber er wird nie vergessen, wann sein Lieblingsgetränkemarkt eröffnet wurde. So was merkt er sich. Das macht mich maßlos traurig. Wie kann man das erste Treffen vergessen?. Ich erinnere mich noch genau! Es war am 22. Juli 1992 um 22:14 Uhr und 13 Sekunden auf der Damentoilette, Kabine 3, im dritten Stock des Hotels Atlantik in Hamburg. Er hatte sich nach einigen Drinks mit Udo Lindenberg versehentlich dorthin verirrt. Wie kriege ich ihn dazu, dass er sich unsere wichtigen Jahrestage merkt?"

Tanja B., Neumünster

Liebe Tanja,

Männer und Hochzeitstag, eine never ending Story. Manchmal hilft eine Schocktherapie. Einfach morgens nach dem Aufwachen „Schatz! Wir sind heute 25 Jahre verheiratet" sagen. Und warten, was passiert. Manche Männer gehen danach stumm ins Bad, andere bedecken ihre Frauen mit Küssen und Rosenblättern. Juristisch ist leider nichts zu machen. Der BGH hat dazu ein richtungsweisendes Urteil gefällt, in dem geschlechtsspezifische Defizite als naturgegeben in Kauf genommen werden müssen.

- -

Meine Frau möchte mit mir andauernd über ihre Gefühle sprechen, was das immer dauert! Ständig fallen ihr neue Gefühle ein, ist das denn normal?

Nick T., Jüterbog

Lieber Nick,

das ist leider ganz normal, denn Frauen haben ein völlig anderes Zeitempfinden als Männer. Zeit ist eben relativ.

„Meine Frau stellt ständig die Möbel um.
Das macht mich wahnsinnig. Manchmal komme
ich nach Hause und das Sofa steht plötzlich im Schlafzimmer, dafür steht das Bett
nun im Esszimmer oder der Kühlschrank im
Bad. Ich hasse das. Ich soll dann immer
sagen, wie toll das aussieht und wie gut
ihre Idee war und dass aus ihr eine super
Innenarchitektin geworden wäre."

Ronny M., Osnabrück

Lieber Ronny,

Frauen haben einfach Spaß daran, ihr Nest öfters mal zu verändern. Eine Toll-
heit der Natur, so wie wir sie auch aus der Tierwelt kennen. Letztlich schrieb
mir ein Elefantenpfleger, dass die Kuh im Gehege ständig den Baumstamm
versetzt, an dem ihr Bulle sich so gerne kratzt. Mein Tipp, lieber Ronny: Lobe
deine Frau und schenke ihr einen Gutschein für die Volkshochschule, Fachbe-
reich Innenarchitektur. Du hast ja immer noch deinen Werkzeugkoffer, in dem
du machen kannst, was du willst.

– –

„Meine Frau will immer mithören, wenn ich
telefoniere und sich gerne am Gespräch betei-
ligen. Mich stört das sehr, ich kann mit meinen
Freunden gar nicht mehr frei sprechen."

Jens L., Zwickau

Lieber Jens,

deine Frau möchte gerne an deinem Leben teilhaben, das ist ganz natürlich.
Willst du das nicht, so gibt es im Fachhandel ein Rundum-sorglos-telefonie-
ren-Paket. Das beinhaltet Fesseln, Knebel, Ohrenstöpsel und Augenbinde.
Damit ausgestattet, fällt deine Frau dann je nach Wunsch für die Dauer deiner
Gespräche aus.

GEFÄHRLICH FÜR DIE EHE

Der Gärtner. Als Pflanzenpfleger getarnter Liebhaber, der immer dann im Bett einer Ehefrau liegt, wenn der Ehemann abwesend ist.

Die Arbeitskollegin. Als berufliche Kontaktperson getarnte Liebhaberin, die immer dann im Bett eines Ehemannes liegt, wenn die Ehefrau abwesend ist.

Das Kind. Selbst gezeugtes Familienmitglied, das bei der Ehefrau massive Muttergefühle weckt und sich ständig in den Mittelpunkt spielt.

Die Schwiegereltern. Zwangsverordnete Familienangehörige, die alles besser wissen.

Der Friseur. Intimer Lebensberater, der sich als Haarschneider tarnt.

Die Versicherungen. Selbst ernannte Schutzheilige für alle eventuellen Gefahren mit Vorliebe fürs Kleingedruckte.

Die Banken. Geldverleiher, die alles doppelt und dreifach zurückhaben wollen.

Die Migräne. Meist weiblicher Vorwand, um sich vor ehelichen Schäferstündchen oder (anderen) ungeliebten Tätigkeiten zu drücken.

Das Wort. Verbal artikulierte Buchstabenfolge als Mittel der Aggressionsbezeugung oder Fallenstellung.

Das Kompliment. Scheinheilige Schmeichelei zur Erlangung von Vorteilen.

Die Sorge. Egal, wer sie hat, sie ist für beide eine Spielverderberin.

Die Lüge. Fantasiegebilde zur Abwehr von Schuldgefühlen und lästigen Konsequenzen.

Der Alkohol. Bewusstseinsverändernde, destillierte oder vergorene Flüssigkeit in Flaschen.

Die Figur. Ernährungsabhängige Körperform mit labilem Attraktivitätsfaktor.

Der Kuss. Orale Entgleisung.

Die Mode. Saisonales Textilangebot, das öfter zu schwerem Kreditkarten-missbrauch führt.

Das Bad. Körpertempel mit weiblicher Nutzungsdominanz.

Die Garage. Nebengebäude zur Unterbringung von Fahrzeugen und Werk-zeugen. Fluchtort konfliktscheuer Männer.

Das Auto. Letztes Herrschaftssymbol des Ehemannes.

Die Karriere. Berufliche Klettertour, verbunden mit großem Zeitaufwand, führt auch zu Entfremdung.

Die Scheidung. Konsequenter letzter Akt auf dem Schlachtfeld ehemaliger Traumpaare.

TOLLE WURST

„STELL DIR VOR, der Hansen hat seine Frau betrogen", sage ich und hoffe, er ist schockiert, schließlich waren wir alle überzeugt, Hansen führe eine glückliche Ehe.

Er darauf: „Na, kuck an."

Zugegeben, das ist mir für so eine heiße Neuigkeit zu wenig, da hätte ich mehr Anteilnahme erwartet, also lege ich noch einen drauf: „Mit einer Jüngeren."

Er stutzt, dann meint er: „Tolle Wurst."

Das passt ja nun gar nicht, aber ich hab noch einen: „Willste wissen, mit wem? Mit der Tochter seines Chefs." Ich schaue ihn gespannt an.

Sein Kommentar: „Siehste woll", reicht mir nicht. Das ist doch der Hammer, wieso kratzt ihn das nicht? Aber gut, jetzt hole ich ein echtes Ass aus dem Ärmel: „Halt dich fest! Die Hansen ist aus Rache mit seinem Chef ins Bett gestiegen. Na? Da biste sprachlos!"

Er hebt kurz die Augenbrauen und antwortet: „Sachen gibt's …"

Ich gebe auf. Mehr Sensationen hab ich nicht.

Aber er hat eine: „Du glaubst es nicht, Tom hatte 'n Herzinfarkt."

Jetzt komm ich: „Tolle Wurst."

EHEBEWERTUNGSPORTAL

zickchen-pp

Sebastians Grundausstattung hat mich anfangs beeindruckt, seine Leistung im unteren Bereich lag über der Norm. Im Laufe der Zeit machten sich im Alltagsbetrieb unerwartete Schwächen in der Belastbarkeit bemerkbar, die sich im Dauerbetrieb noch verstärkten. In der Küche ist er gar nicht zu gebrauchen. Sehr gut: Braucht wenig Pflege.

Bewertung: ● ● ●

ups

Hab Katherina gebraucht und im guten Zustand erhalten. Preis-Leistungsverhältnis okay. Kommt allerdings schwer auf Betriebstemperatur. Neigt zur Verstopfung.

Bewertung: ● ● ● ●

coco

Der Paul. Gute Generation. Starker Typ, schafft echt was weg, sehr werkstattfreundlich. Springt manchmal schwer an. Braucht abends die volle Ladung. Leider gibt es kaum noch Ersatzteile.

Bewertung: ● ● ● ● ●

Route66

Olga macht Freude. Erfüllt alle Ansprüche. Sehr gutes Laufverhalten, besonders draußen. Wartungsfreundlich und sparsam. Braucht aber viele Streicheleinheiten.

Bewertung: ● ● ● ● ● ● ●

zutzlbaby

Kevin machte anfangs was her, hat aber wenig in der Birne. Spricht gut auf seine Umgebung an, zeigt im Dauerbetrieb jedoch Schwächen. Kälte mag er gar nicht. Man kommt schwer an sein Inneres. Im Humor sehr billig. Punktet mit Gutmütigkeit.

Bewertung: ● ● ● ●

TOP TEN DER EHEWITZE

Platz 10 „Meine Frau gönnt mir nix. Immer wenn wir uns lieben, schließt sie die Augen."
„Warum?"
„Sie kann nicht mit ansehen, wenn ich mich amüsiere."

Platz 9 Sie liegt in der Badewanne und ruft: „Schatz, bring mir mal 'n Weinchen!"
Er: „Wie heißt das schöne Wort mit den zwei ‚t'?"
Sie: „Aber flott!"

Platz 8 Der Ehemann schenkt seiner Frau zur Silberhochzeit zwei Rosen. Fragt die Frau: „Nur zwei Rosen? Wir sind doch jetzt 25 Jahre verheiratet!" Daraufhin erklärt der Ehemann: „Nun, du musst auch die Dornen mitzählen!"

Platz 7 Ein älterer Ehemann weckt seine Frau.
„Liebling, schau nur, bei mir tut sich was."
„Toll", sagt sie, „komm schnell zu mir rüber."
„Besser wäre, du kommst zu mir", meint er, „ich weiß nicht, ob er den Wechsel durchsteht."

Platz 6 „Na, was hat der Doktor denn gesagt?", fragt sie ihn, als er vom Arzt zurückkommt.
„Ich soll morgen früh noch mal kommen, er will eine Stuhl-, Urin- und Spermaprobe haben."
„Du, dann bring ihm doch einfach deine braune Cordhose mit."

Platz 5 Letztens hat mich ein Bekannter gefragt, warum meine Ehe nach so langen Jahren noch immer so gut läuft. Ich habe geantwortet: „Weil wir zweimal in der Woche Sex haben. Ich dienstags und sie donnerstags.

Platz 4 „Ich habe gehört, die Ehe des Professors soll sehr unglücklich sein."
„Das wundert mich nicht. Er ist Mathematiker und sie ist unberechenbar."

Platz 3 Warum Junggesellen schlank und Ehemänner dick sind?
Jeden Abend geht der Junggeselle an den Kühlschrank, findet nichts Besonderes und geht ins Bett. Der Ehemann schaut jeden Abend ins Bett, findet nichts Besonderes und geht an den Kühlschrank.

Platz 2 Fragt der Ehemann den Weinhändler: „Welchen Wein können Sie mir für unsere Silberhochzeit empfehlen?"
Antwort: „Das kommt darauf an. Wollen Sie feiern oder vergessen?"

Platz 1 Ihr Mann kommt von der Arbeit nach Hause.
Sie empfängt ihn gleich an der Tür: „Schatz, ich hab dir heute dein Leibgericht gekocht, ich hab dir dein Lieblingsbier gekauft, ich hab dir deine angewärmten Pantoffeln vor das Sofa gestellt und ich massiere dir danach deinen Nacken und die Füße."
Knurrt er: „Is' ja mal wieder typisch. Immer nur ich, ich, ich ..."

Liebevolle Koseworte sind der Honig der Ehe

WORAN MAN EINE EHEKRISE ERKENNT

Daran erkennt sie der Mann:

Sie schläft auf ihrem Hochbeet.

Sie spielt beim Sex mit ihrem Handy.

Sie lügt ohne rot zu werden.

Sie nimmt Boxunterricht.

Sie sammelt seltsame Pilze.

Sie haucht nachts fremde Männernamen.

Sie isst außerhalb.

Sie flüstert mit ihren Pflanzen.

Sie lässt seine Zahnbürste ins Klo fallen.

Sie liest Aussteigerlektüre.

Sie kocht Trennkost.

Sie will Alpakas züchten.

Daran erkennt sie die Frau:

Er spricht ständig mit einer Alexa.

Er duscht sich täglich.

Er gelt sich seine Augenbrauen.

Er überlässt ihr die Fernbedienung.

Er verliebt sich alle elf Sekunden auf Parship.

Er will seine Mutter ins Haus holen.

Er interessiert sich für Schusswaffen.

Er rasiert sich untenrum.

Er geht andauernd zur Darmspiegelung.

Er hat eine Payback-Card von Bordello.

Er verbringt Stunden auf dem Klo.

Er hat das Schloss vom Auto ausgewechselt.

DAS TRAUMPAAR

„HERRLICHER TAG HEUTE, nicht wahr?", ruft sie mir entgegen. Die beiden sind mir auf dem Weg zum Wäldchen begegnet, er kleiner als sie, im besten Alter, leicht struppig, sie etwas korpulent.

„Er ist gerne am Teich", sagt sie, „und liebt es, mit den Füßen im Wasser zu stehen." Sie schaut ihn an und bittet nachdrücklich um Bestätigung: „Ist doch so, oder?"

Er ist eher ein ruhiger Typ, freundlicher Kerl, sparsam in seinen Reaktionen, ein beifälliges Zwinkern mit den Augen, mehr widmet er ihr nicht. „Typisch Mann", sagt sie, „typisch!", und lacht scheppernd. Er schaut mich nur schweigend an, als wolle er „typisch Frau" sagen, traut sich aber nicht. Ich verstehe ihn. „Wir sind unheimlich gern im Wald, müssen täglich raus, Bewegung ist doch alles, nicht wahr?", sagt sie. „Sie sagen es", antworte ich, „liegen können wir später noch lange genug."

Aus der Ferne ertönt das Bellen eines Hundes. Er lauscht und schaut in die Richtung. „War's denn schön am Teich, mit den Füßen im Wasser? Ich mach das ja auch gerne", sage ich zu ihm. Bevor er mir antworten kann, plappert sie wieder: „Aber ja, er genießt es sehr." Dann stupst sie ihn leicht an und sagt: „Bist ja auch nicht mehr der Jüngste, gell?" Er schnauft kurz und schaut leicht genervt zum Himmel. „Nun denn", sage ich, „ich wünsche Ihnen noch einen schönen Tag."

„Ihnen auch", antwortet sie, „wir wollen ja auch weiter, nicht wahr, Bruno?"

Ich muss unweigerlich grinsen. Bruno? Einen Rauhaardackel Bruno zu nennen, ist ja echt witzig.

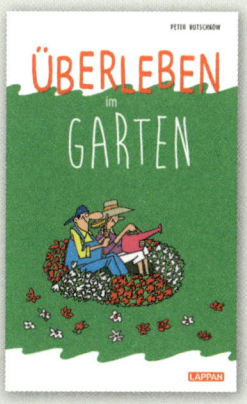

Peter Butschkow,

1944 in Berlin geboren,
lebt seit mehr als 30 Jahren
in Norddeutschland hinter
dem Deich und ist Vater von
zwei erwachsenen Söhnen.

Wir produzieren
nachhaltig

• Klimaneutrales Produkt
• Papiere aus nachhaltigen
  und kontrollierten Quellen
• Hergestellt in Europa

MIX
Papier | Fördert
gute Waldnutzung
FSC® C002795

FSC
www.fsc.org

2. Auflage 2022

– Originalausgabe –

© 2021 Lappan Verlag in der Carlsen Verlag GmbH, Oldenburg/Hamburg

ISBN 978-3-8303-4514-5

Texte und Illustrationen: Peter Butschkow
Lektorat: Antje Haubner
Layout, Herstellung, Covergestaltung: Monika Swirski

FOLGT UNS! facebook.com/lappanverlag
 Instagram.com/lappanverlag
www.lappan.de